AF331669

NOTICE

SUR

CHARLES SAINTE-FOI.

SA VIE & SES ÉCRITS.

1862

Lⁿ²⁷ /o400

NOTICE

SUR LA VIE & LES ÉCRITS

DE CHARLES SAINTE-FOI.

(Extrait de la *Revue du Monde catholique* du 25 décembre 1861.)

M. Eloi Jourdain, qu'on a connu dans les Lettres sous le nom de Charles Sainte-Foi, a été, durant trente ans, avec un grand courage et une parfaite modestie, l'un des plus dévoués ouvriers de l'Evangile. Lorsque nous pensions qu'il pourrait travailler encore, sa tâche s'est trouvée finie. Il le sentait, probablement même il le savait, et il en était content; non que la vie le fatiguât, mais il était content de toute volonté de Dieu. Ferme et vaste esprit, plus grand cœur. Dieu l'avait bien doué et il a bien cultivé et fait fructifier les dons divins. Il était par excellence l'homme de bonne volonté. Je veux essayer de le peindre pour notre consolation et pour notre gloire. Ma tâche est facile; je l'entreprends dans l'allégresse de mon cœur.

J'ose dire que cette allégresse a commencé lorsque j'ai vu Jourdain sur son lit de mort. Averti de sa fin soudaine, j'étais accouru, plein d'angoisse. Jamais je n'ai vu la mort si belle. Ce visage, dont la noblesse se composait d'intelligence, de bonté et de simplicité et qui nous faisait toujours penser à saint Pierre, m'apparut plus marqué que jamais de ces traits aimables et attirants; la paix y régnait auguste et parfaite. Quand j'ai baisé sa main qui tenait le crucifix, j'ai pensé que cette main avait toujours tenu la bonne lumière sur la bonne voie, avait toujours répandu l'aumône, avait toujours été loyale et secourable, et il me sembla que mes larmes, au lieu de sortir de mes yeux, tombaient sur mon cœur et le réjouissaient. Ainsi je n'ai rien à déguiser, rien à arranger. Il suffit de dire tout ce que j'ai vu et j'ai tout vu, car ce caractère et cette existence ont eu la sérénité d'un beau jour. Notre ami fut droit, fut bon, fut heureux, heureux dans la vie, heureux dans la mort; il employa bien son temps et ses facultés et son cœur; il a vu clair, il a marché dans la lumière, il a montré la lumière ; il a vécu et il est mort comme il le désirait, et il s'est fait cette belle destinée par beaucoup de sagesse et de vertu.

Eloi Jourdain est né le 7 août 1805, à Beaufort, dans l'Anjou. Ses parents, excellents catholiques et de condition aisée, le firent élever au petit séminaire de Beaupreau, saine et forte école fondée par des prêtres dont plusieurs avaient été proscrits.

De Beaupreau Eloi Jourdain passa au séminaire de Nantes. Il avait quelque intention d'embrasser l'état ecclésiastique; mais pendant qu'il délibérait sur sa vocation, un événement de famille le ramena dans la maison paternelle : il perdit sa mère. Ce fut la plus grande et peut-être la seule profonde blessure qu'ait reçue son cœur. Sa mère était une femme d'un grand mérite et il l'aimait tendrement. Il nous disait que de sa vie il n'avait pu, sans fondre en larmes, entendre à l'église certaines prières, qu'il se souvenait de lui avoir entendu chanter. Il resta chez son père, quelques années, occupé à l'étude et aux travaux de la maison, incertain de ce qu'il deviendrait, et peut-être n'y songeant guère. Là, un jour il reçut une lettre d'un camarade de Béaupreau, particulièrement chéri, M. Léon Boré, qui était devenu disciple de M. de Lamennais. M. Léon Boré avait fait un voyage ou plutôt un pèlerinage à l'école si célèbre de La Chesnaie, il y était resté et il invitait son ami à venir l'y rejoindre. C'était en 1828: Eloi Jourdain avait alors vingt-trois ans.

M. de Lamennais tenait en France, dans le monde catholique, une place que l'on peut difficilement imaginer. On s'en fera une idée en écoutant ce que Jourdain lui-même va nous dire des sentiments avec lesquels il reçut l'invitation de son ami :

« Voir cet homme dont j'avais lu et admiré tant de fois les ouvrages,
« dont le nom avait retenti tant de fois à mes oreilles, dont j'avais entendu
« parler si diversement et qui excitait tant de sympathies d'un côté, tant
« de colères de l'autre, vivre près de lui, entendre sa parole et recevoir
« sans intermédiaire les rayons de son intelligence, c'était pour moi une
« perspective bien au delà de l'horizon d'espérance que mon imagination
« s'était créé. Je communiquai la lettre de Léon à mon père qui était
« presqu'effrayé du bonheur inespéré que m'envoyait la Providence...
« Léon vint au jour qu'il m'avait indiqué. Je l'attendais impatiemment.
« Ce qu'il me racontait de La Chesnaie, des projets de M. de Lamennais, de

« son caractère, de la simplicité de ses goûts et de ses manières, tout
« cela me séduisait et donnait un nouvel essor à mes espérances et à mes
« désirs. Son récit me transportait dans un monde tout nouveau ; je
« l'écoutais avec l'attention et la surprise d'un enfant à qui l'on raconte
« une histoire merveilleuse. Et ce monde idéal allait devenir pour moi
« une réalité ! Je pensais déjà avec une sorte d'effroi au moment où je me
« trouverais pour la première fois en présence de cet homme que j'avais
« tant admiré, où ma main presserait la main qui avait écrit tant de pages
« sublimes... »

Il n'y a plus d'homme en France aujourd'hui capable d'exciter cet
enthousiasme, ni peut-être de cœurs capables de le ressentir.

Eloi Jourdain quitta la maison de son père et suivit son ami Léon Boré.
Ils allèrent d'abord à Nantes, où ils devaient rejoindre d'autres disciples
futurs de M. de Lamennais, les uns résolus, les autres encore hésitants.
Parmi ceux-ci se trouvait M. Eugène Boré, frère de Léon. En ce temps-là,
M. Eugène Boré, qui est aujourd'hui préfet apostolique à Constantinople,
pensait à faire son droit et craignait la pensée qui l'attirait ailleurs. Un autre
ne rêvait que littérature profane et poésie, et redoutait plus encore la théologie et les études sérieuses de La Chesnaie ; celui-ci est devenu professeur d'histoire. Il y avait d'étranges mélanges dans ces jeunes têtes,
mais un noble enthousiasme dominait tout. « Nous passions nos jours,
« dit Jourdain, dans de douces causeries, soutenues et variées de lectures
« agréables. La littérature et la poésie étaient en majorité. Nos livres de
« préférence étaient Victor Hugo, Byron, Charles Nodier. C*** lisait,
« Cyprien et Léon commentaient, Eugène et moi, dont l'esprit était porté
« vers des études d'un autre genre, nous écoutions et nous admirions.
« Notre admiration était sincère. Mais chacun de nous admirait ce qui avait
« le plus de rapport avec la trempe de son esprit. »

Vers la fin d'octobre, Jourdain, se trouvant le plus libre, partit seul.
Arrivé à Saint-Pierre du Pleyen, il quitta la voiture et s'achemina à pied
dans les sentiers étroits et profonds qui conduisent à La Chesnaie. Son cœur
battait. « Après une demi-lieue, j'aperçus un étang entouré de chênes et de
« rochers. Cet étang s'était présenté à l'imagination de Léon comme un lac
« de Suisse ; et la mienne, à sa vue, ne trouva rien à rabattre de la des-
« cription qu'il m'en avait faite. Il me semblait que je respirais déjà cette

« atmosphère de génie qu'avait formée autour de soi l'Auteur de l'*Essai sur*
« *l'indifférence*. Enfin, comme j'entrais dans le petit chemin qui conduit
« à la maison en longeant le jardin, j'aperçus trois hommes qui se diri-
« geaient vers moi. L'un était grand, d'une attitude digne et noble ;
« l'autre portait dans son maintien et sur ses traits tous les signes qui
« annoncent un disciple docile et fervent. Le premier était l'abbé Philippe
« Gerbet ; le second l'abbé polonais Kaminski. Entre ces deux hommes se
« tenait le troisième, petit de taille, de formes grêles, vêtu d'une redin-
« gote grise et d'un chapeau de paille. C'était lui ; c'était l'homme dont je
« n'aurais pas cru pouvoir supporter le regard. — Soyez le bienvenu,
« jeune étranger, me dit-il en m'embrassant. Puis il me demanda des
« nouvelles de Léon, s'étonnant de ne le pas voir avec moi. A la manière
« dont il m'en parla, je compris combien il l'aimait ; et cette tendresse me
« donna une haute idée de son cœur. »

Sans se rendre encore complétement compte de ce moment de sa vie,
Jourdain sentit cependant qu'il avait quelque chose de solennel et de
décisif. « Ni les hommes ni les choses au milieu desquels j'avais vécu
« jusque-là, dit-il, ne pouvaient désormais suffire à mon bonheur. Le
« niveau de la vie s'exhaussait pour moi ; je montais d'un degré dans la
« hiérarchie humaine. » Dès le premier jour, un mouvement d'humilité et de
prudence, l'un et l'autre conformes à sa nature, le préservèrent de l'in-
fluence exclusive et absolue de M. de Lamennais, qui, plus tard, aurait
pu lui être singulièrement funeste. M. de Lamennais se donna trop de
peine pour le gagner. Je ne puis mieux faire que de citer encore ici la
relation d'où j'ai tiré ce qui précède. Elle peint Jourdain, et en même temps
elle montre comment il savait rapporter à la divine Providence toute la
conduite de sa vie.

« M. de Lamennais fut charmant, spirituel, gai, plein d'abandon et de
« confiance, séduisant comme il savait l'être quand rien ne le contrariait,
« affectueux jusqu'à la tendresse, amical jusqu'à la familiarité. Cependant
« je crus apercevoir dans cette expansion quelque chose de forcé. Je
« m'étonnai d'une affection que rien ne pouvait expliquer encore, puisque
« je lui étais inconnu. Je me sentis gêné, et les témoignages de sa ten-
« dresse, loin de provoquer la mienne, la refoulèrent au contraire. Aussi
« lorsque je dus choisir parmi les prêtres de la maison un directeur pour
« ma conscience, au lieu de m'adresser à lui, comme cela semblait naturel,

« je m'adressai à M. Gerbet, dont le maintien plus digne m'inspirait plus
« de confiance. Sous le poids même de cette admiration qui courbait mon
« âme devant le génie de M. de Lamennais, je devinai les faiblesses de son
« caractère, et cette première impression m'a sauvé peut-être de bien des
« erreurs, et a préservé mon esprit d'un aveuglement funeste. Dieu est
« bien bon de laisser aux hommes les plus grands par le caractère et le
« génie, des faiblesses qui en les rapprochant de nous garantissent notre
« indépendance, et les mettent eux-mêmes en garde contre l'orgueil. En
« les traitant ainsi, il ne songe pas seulement à sa gloire qu'il ne veut
« céder à personne, il a encore en vue leurs intérêts et les nôtres. Il n'y
« a que les saints qui échappent quelquefois à cette condition de la na-
« ture humaine, parce qu'eux seuls peuvent supporter cette exception,
« sans déception pour les autres et pour eux-mêmes. En effet, leurs ver-
« tus sont tellement l'œuvre de la grâce, que l'esprit et le cœur en les
« admirant ne s'arrêtent jamais à elles, mais remontent toujours à celui
« qui en est la source. Et pour eux, ils n'ont pas besoin d'avoir des fai-
« blesses pour être humbles. Ils connaissent assez leur néant et leur mi-
« sère; il n'est pas nécessaire que Dieu le leur apprenne en leur en faisant
« sentir de temps en temps les résultats. Quand l'homme ne veut pas s'a-
« baisser par une humilité sincère et profonde, Dieu sait le remettre à sa
« place en l'abandonnant à ses propres forces et en le laissant s'enfoncer
« comme de soi-même dans son néant. »

Jourdain profita d'ailleurs largement et allègrement des facilités que la
vie de La Chesnaie donnait à l'étude. Il y avait deux maisons, Malestroit et
La Chesnaie. Celle-ci était une sorte de Port-Royal orthodoxe où l'on se
préparait à défendre plus tard la Religion et l'Eglise, déjà si menacées.
Aucun règlement général n'astreignait personne. A part les repas et les
conférences que faisaient chaque jour M. de Lamennais et M. Gerbet, il
n'y avait point d'exercice public; chacun travaillait et vivait comme il le
jugeait convenable, suivant en toutes choses la pente et le goût de son
esprit. Cette méthode pouvait avoir ses inconvénients; elle offrait le grand
avantage de laisser les diverses aptitudes dans leurs voies naturelles, et
plusieurs lui durent leur progrès dans le genre d'études qui leur convenait le mieux. M. Eugène Boré choisit les langues, et il est devenu un
orientaliste distingué; voyageur missionnaire, il alla fonder et diriger des
écoles catholiques dans la Perse; il gouverne aujourd'hui un grand col-
lége à Constantinople. Un autre, qu'on avait cru et qui s'était cru inca-

pable d'aucune étude sérieuse, condamné à vivre incompris dans le monde imaginaire, s'adonna à l'histoire et s'est fait une place parmi les érudits. Jourdain se plongea dans la philosophie religieuse, sans négliger les langues, qu'il envisageait comme une branche importante de la philosophie. Il y cherchait des idées, des points de vue pour son intelligence ; l'étymologie, la composition d'un mot, la variété des rapports qu'il exprime, lui ouvraient un horizon d'idées ; il lisait un dictionnaire avec le même entrain que son ami le poète, qui tournait à l'érudition, lisait une chronique.

Il passa ainsi trois années, partie à La Chesnaie, partie à Malestroit, qui était comme le noviciat de l'ordre religieux que M. de Lamennais se proposait de fonder. Années fécondes et heureuses, où il amassa de véritables richesses et se sentit croître en tous sens. Il eut les joies de l'amitié comme celles de l'étude. Il aimait M. de Lamennais, malgré les étranges et terribles inégalités de son caractère et de son humeur, dont il a laissé un tableau très-original, plein de bienveillance et de sincérité. Il n'hésita pas à se séparer de lui lorsqu'il le fallut ; son cœur lui est resté reconnaissant et fidèle. Il disait, et l'on devra toujours dire de M. de Lamennais, qu'il avait loyalement dirigé dans les voies de la vérité ceux qui s'étaient mis sous sa conduite, puisqu'à peine quelques-uns sur un si grand nombre l'ont suivi dans l'erreur ou même sont restés à l'écart du combat. Mais ce furent surtout les condisciples de Jourdain qui lui donnèrent cette noble joie d'aimer, pour laquelle plus que pour toute autre son cœur semblait fait. Il en a parlé dans d'aimables confidences sur ces années de jeunesse.

« J'étais trop heureux, dit-il en s'adressant à Dieu, j'étais trop plein de « mes rêves et de mes espérances pour penser à vous et pour vous remer- « cier comme je le devais. Mais ce que je n'ai pas fait alors, je le fais au- « jourd'hui. Après vingt années écoulées, je sens encore tout le parfum de « cette fleur d'espérance qui, sous les rayons de votre amour, vint s'épa- « nouir dans mon âme incertaine et fatiguée. Je comprends plus que je ne « le faisais tout le prix du bienfait que je reçus de vous. Je le comprends « moins encore par la vue des effets qu'il a produits, que par la prévision « des résultats qu'il a empêchés. Que serais-je devenu si dans ce moment « vous ne m'aviez tendu la main ? Vous seul le savez, ô mon Dieu ! Votre « appel a décidé peut-être en ces jours du sort de ma vie. Je le reconnais au- « jourd'hui, les hommes n'étaient que les instruments de votre miséricorde

« envers moi. C'est vous qui me parliez sur leurs lèvres, qui m'aimiez
« dans leur cœur, qui tendiez vers moi leurs mains, afin que, dans cette
« défaillance de mon âme, je ne demeurasse point sans appui. Mais je ne
« vous offenserai point si, après vous avoir béni comme le premier auteur
« de ce grand bienfait, je me retourne un peu vers ceux qui en ont été
« les instruments et les dispensateurs. Laissez-moi donc, Seigneur,
« donner rapidement une pensée de reconnaissance à cet ami, dont
« l'invitation a été pour moi et pour plusieurs autres le principe de tant
« de nobles affections et de si douces jouissances. Il a été pour moi le
« premier anneau de cette chaîne d'affections qui s'est augmentée tou-
« jours à mesure que j'avançais dans la vie. Il est comme le père de ces
« générations d'amis qui sont nés les uns des autres et qui composent
« aujourd'hui cette famille de mon cœur, si nombreuse, si riche, si for-
« tement serrée contre moi, qui est venu s'abriter sous ma tendresse et
« s'appuyer sur mon dévouement. Je les vois tous en esprit, je prononce
« leurs noms avec amour, comme la mère de famille, qui voit tous ses
« enfants réunis autour d'elle, oublie ce qu'ils lui ont coûté pour ne se
« souvenir que du bonheur d'être mère ; j'oublie toutes les douleurs,
« toutes les amertumes par lesquelles l'homme achète ici-bas le droit de
« se faire aimer des autres, et je ne me souviens plus que du bonheur
« que je dois à ces affections qui ont si bien rempli la seconde moitié de
« ma vie. »

Voilà l'homme, et je n'ai plus rien d'essentiel à dire pour achever de le
faire connaître. C'est ainsi qu'il pouvait parler de lui-même à un ami de
date plus récente qui avait désiré savoir bien à fond l'histoire de sa pensée et de son âme. Pour le satisfaire, il écrivit à grande course de plume
ces Confidences qui n'étaient point destinées à la publicité. Dans leur abandon, les Confidences d'Eloi Jourdain sont un livre souvent exquis, plein
d'observations fines, de portraits excellents, de prières parfois sublimes ;
un livre où se révèle le meilleur et le plus loyal cœur dont on puisse dé-
sirer l'affection. Et l'ami à qui il l'avait destiné, c'est l'ami de la dernière
heure ; il pleure aujourd'hui, non sur celui qui n'est plus, puisqu'il a
trouvé Dieu, mais sur lui-même, parce qu'il a perdu son frère.

La chute de M. de Lamennais, dont Jourdain s'était déjà séparé, brisait
définitivement l'avenir que notre ami avait entrevu ; mais l'amour de
l'étude et l'amour de l'Église lui en refaisaient un autre. Il avait pris sa

Voie, il n'en voulut pas sortir, quoique son but personnel lui manquât.
L'ami qui l'avait attiré auprès de M. de Lamennais partait pour l'Allemagne ; c'était tout ce qu'il fallait pour y conduire Jourdain. En passant à Paris, il se lia avec les rédacteurs du *Correspondant*, MM. Louis
de Carné, Edmond de Cazalès et quelques autres ; pleins de jeune et
généreux courage, ils essayaient de maintenir une presse catholique entre
l'*Avenir*, qui venait de sombrer, et l'*Univers*, qui allait naître. Jourdain
leur offrit son concours, et se rendit d'abord à Munich, où il entra en
intimes relations avec le grand Gœrres, dont il devait plus tard traduire
le livre capital, la *Mystique*, et le philosophe Baader. Baader était un excellent homme, un sincère catholique, un philosophe renommé. Tous les
Allemands ne le comprenaient pas. Jourdain s'appliqua à le rendre clair,
et il y parvint en l'expliquant aux Allemands qui entendaient le français ;
les autres, et Baader lui-même, s'en tiraient comme ils pouvaient.

De Munich, Jourdain alla à Berlin. Ce liant aimable et cette aptitude
aux conceptions philosophiques qui faisaient le fond de son caractère et
de son esprit, lui donnèrent là pour principaux amis, le professeur Jarke,
esprit très-élevé, récemment converti à la foi catholique, et le docteur
Phillips. Il y connut aussi Radovitz, Ranke, et d'autres savants, moteurs,
à divers titres, du mouvement catholique de l'Allemagne. Il suivait leurs
études et ne contribuait pas peu à les engager toujours plus avant
dans la voie où quelques-uns d'entre eux s'étonnaient de marcher.
Jarke faisait un journal, le *Politische Wochenblatt*. Il proposa à Jourdain d'y écrire ; et en cela il avait un autre désir encore que celui de
fortifier la rédaction ; il voulait venir délicatement en aide à son ami.
Jourdain possédait pour toute ressource une pension de neuf cents francs
que lui faisait son père. C'était peu pour vivre à Berlin, même avec la
simplicité stoïque d'un étudiant et d'un anachorète. Il accepta. Jarke tra-
duisait ses articles et les lui payait. Avec ce premier produit de sa plume,
Jourdain acheta un manteau. Il était très-fier de son manteau et de la
manière dont il se l'était procuré. Il y traçait du doigt des divisions,
et il disait : Voilà tel article, voilà tel autre. Loin de rougir de la pau-
vreté qui l'astreignait à une extrême austérité de costume, il en était
plutôt fier ; et, avec ses habits usés, il allait très-tranquillement dans le
meilleur monde, où d'ailleurs cet attirail plus que modeste ne l'empêchait
pas d'être considéré comme il le méritait. L'aisance et le charme parfait
de sa conversation lui avaient fait cette place, la dignité de son caractère

l'assurait et l'agrandissait. Quant aux savants, ils étaient encore de la bonne vieille espèce. Pauvres eux-mêmes la plupart, sans morgue et sans envie, ils recevaient dans la douce et sereine intimité de leur foyer cet étranger, amoureux de la science, en qui leur supériorité reconnaissait un égal et leur cordialité un frère.

J'aurais à raconter d'aimables et intéressants épisodes du séjour de notre ami à Berlin, je n'en dirai que deux, et encore serai-je forcé d'abréger.

Un jour il rencontra un allemand, un jeune homme plus pauvre que lui. Il se nommait Papencordt, et il s'était fait connaître par une thèse qui annonçait un esprit du premier rang. Mais le succès de sa thèse ne lui donnait pas le moyen de poursuivre ses études, ni même de ne pas mourir de faim. Il était dans la misère. Jourdain le sut, et avec ses neuf cents francs de rente, il entreprit de sauver ce beau talent que la misère menaçait d'étouffer. Il lui donna la moitié de son logis, la moitié de ses hardes, — il n'en avait guère, — la moitié de son pain. Ils vivaient toute la semaine du même ragout que leur faisait leur hotesse, travaillaient dans la même chambre pour économiser le combustible et la lumière, et dormaient dans le même dortoir sans feu, malgré les rigueurs de l'hiver de Berlin. Hélas ! la charité de Jourdain ne pouvait aller plus loin et donner à son compagnon, comme il l'aurait voulu, la moitié de sa vie. Papencordt mourut au moment de réaliser tout ce que son génie promettait.

L'autre épisode qui, par certains côtés, touche à l'histoire générale, ne fait pas moins d'honneur à notre ami. Il le raconte lui-même en ces termes :

« Charles X et sa famille, obligés de quitter l'Ecosse par suite de négociations diplomatiques, avaient obtenu de l'Empereur d'Autriche un asile dans ses états. Le Hradshin ou palais royal de Prague avait été mis à la disposition du royal exilé. Comme il ne pouvait arriver à Prague sans traverser la Prusse, le roi de Prusse n'avait pu lui refuser le passage ; mais toutes les précautions avaient été prises pour que le plus strict incognito fût observé, afin qu'aucun témoignage de sympathie ou de respect ne pût donner lieu à des réclamations de la part du Gouvernement de Louis-Philippe.

« Charles X arriva donc à trois lieues de Berlin, dans un petit village où il devait coucher, vers six heures du soir. Il devait traverser Berlin le lendemain à quatre heures du matin, afin que, dans son trajet, il ne put rencontrer ni sympathie ni respect.

« Le prince royal obtint cependant du roi, qui était à Tœplitz, la permission d'aller attendre Charles X au village où il devait passer la nuit. Il s'y rendit avec les princes qui se trouvaient à Berlin ; et lorsque le roi arriva, il baissa lui-même le marche-pied de la voiture et l'aida à descendre.

« Le lendemain à quatre heures, les exilés traversaient la capitale de la Prusse comme des coupables qui fuient le glaive de la loi. Mais, en passant près du palais, ils aperçurent à une fenêtre une femme qui agitait son mouchoir et s'essuyait les yeux ; c'était la princesse royale qui dérobait aux investigations de la police ce témoignage mystérieux d'une sympathie profonde, condamnée au silence par les nécessités de la politique.

« Jarke était indigné des mesures que la police avait prises pour prévenir les hommages dont le peuple n'aurait pas manqué d'entourer les nobles exilés à leur passage. Il ne pouvait résister au désir de faire au moins une allusion à ce qui s'était passé, et de donner à la conduite du prince royal les éloges qu'elle méritait. Mais comment faire pour échapper aux ciseaux de la censure, qui ne pouvait laisser passer une allusion trop transparente à un événement que la police avait voulu tenir caché, et qui n'avait été su que d'un petit nombre d'hommes plus particulièrement intéressés à le connaître ? La tâche était difficile ; car il fallait en dire assez pour être compris de ceux qui avaient été initiés au secret, et assez peu en même temps pour ne point déchirer les voiles qui le cachaient aux autres. Jarke eut assez de confiance dans mon habileté pour me charger de cette mission délicate. Je l'acceptai avec une sorte de frayeur. Je n'étais pas légitimiste, et je craignais de ne pas trouver dans mes opinions assez d'inspiration pour traiter convenablement un tel sujet. Mais, grâce à Dieu ! mon indifférence politique n'avait ni obscurci mon jugement, ni attiédi mon cœur au point de me rendre insensible à la violation de ces principes et de ces règles qui sont de tous les temps et de tous les lieux, parce qu'ils ont leurs racines dans la nature même de l'homme. Je me mis donc à l'œuvre, et je fis d'inspiration un article que Jarke trouva parfaitement convenable, et qu'il traduisit avec le plus grand soin. Je logeais chez lui à cette époque, et je me relevais à peine de l'indisposition qui m'avait valu cette bienveillante hospitalité. Il avait des joies d'enfant en lisant et relisant cet article dont il admirait également et la traduction et la composition. Il le lisait à sa femme, il le lisait à tous les amis qui venaient le voir, tant il était ravi. Mais le fantôme de la censure avec ses affreux ciseaux, l'effrayait par moments ; et il craignait que les beautés lyriques de ce petit poëme en prose ne pussent attendrir le cœur impitoyable des censeurs. Ses craintes furent trompées et l'article fut admis. Il fit sensation dans le public et particulièrement dans la classe aristocratique plus attachée que les autres aux principes que représentait Charles X et sa famille. On voulut savoir qui en était l'auteur et mon nom fut bientôt connu dans Berlin. »

Jarke, par suite de sa conversion et de son zèle catholique, était fort mal vu du gouvernement prussien. Bientôt sa situation à Berlin devint intolérable. Le prince de Metternich, beaucoup moins effrayé des idées que tous les hommes d'Etat de la Prusse philosophe et protestante, appela le docteur catholique et lui fit une position à Vienne. Jourdain l'y rejoignit bientôt et, par l'intermédiaire de son ami, entra lui-même en relations avec le célèbre ministre autrichien. C'était en 1833, et déjà M. de Metternich, infiniment plus sage et plus avancé que ses collègues et que sa cour, songeait à la nécessité d'un Concordat. Il s'en occupait avec le nonce Ostini, qui fut depuis cardinal. Jarke était dans la confidence de ce grand projet. Il y fit entrer Jourdain, malgré ses habits toujours usés, car son succès à Berlin n'avait rien ajouté à ses 900 francs de rente. M. de Metternich fut à cet égard aussi simple que les bons savants dont j'ai parlé plus haut. Il fit attention à l'homme, non à l'habit, et l'homme lui plut extrêmement; j'ai pu m'en convaincre, lorsque, seize ou dix-sept ans plus tard, j'ai eu la faveur de causer moi-même avec le prince de Metternich, déchu et exilé. Il se souvenait de Jourdain, et me le nomma avec la plus affectueuse estime. A l'époque dont je parle, en 1833, il poussa la bienveillance jusqu'à s'occuper de sa fortune. Il lui conseilla de se rendre à Rome, d'embrasser l'état ecclésiastique et de suivre la carrière de la diplomatie, s'offrant à lui en faciliter l'entrée et lui faisant envisager, comme il convenait, les services qu'il pourrait rendre. Jourdain lui répondit qu'il avait bien songé quelquefois à se faire prêtre et qu'il n'y renonçait pas, mais qu'alors il aurait plus de goût pour le cloître que pour la diplomatie, et qu'il ne pouvait se faire à l'idée de prendre l'Eglise pour la porte des honneurs.

Il connut aussi à Vienne la princesse d'Anhalt-Kothen, femme d'une grande piété et d'un grand courage, protectrice zélée de la religion catholique dans son petit duché protestant, et qui fut aussi la première patronne du célèbre médecin juif Hanhmann, le trouveur de l'homéopathie.

Par la princesse d'Anhalt, il connut le père Beckx, son confesseur, le seul jésuite qui eût alors la permission d'habiter en Autriche. Le révérend père Beckx est aujourd'hui général de la Compagnie de Jésus.

A Vienne, il se lia d'amitié avec un jeune gentilhomme polonais d'une grande fortune, d'un esprit fort vif et élevé, mais d'un caractère impétueux et porté aux aventures. Il s'attacha à lui comme s'il eût été pauvre, plus touché des périls qu'il courait qu'éloigné par l'éclat dont il était entouré. Ils voyagèrent ensemble et visitèrent la Pologne, l'Italie la France et l'Angleterre, non pas en curieux, mais en philosophes qui ont le temps de voir et la volonté d'apprendre.

Ces voyages, coupés de longs séjours dans les principales villes, durèrent plusieurs années. Le rang du jeune polonais et le vaste et excellent esprit de son guide leur permettaient de voir partout et de près les personnages les plus considérables dans tous les ordres de la société. Jourdain put ainsi étudier à fond le personnel dirigeant de l'Europe. Sa sagacité comprenait tout et sa mémoire n'oubliait rien. Aussi était-il devenu l'un des juges les plus compétents en toutes les idées et tous les courants de la vie moderne. Il ne négligeait ni la littérature ni les arts, dont il était un appréciateur instruit et délicat.

En 1838, les deux voyageurs se séparèrent, et leur correspondance donna lieu au premier ouvrage de Jourdain : *Le Livre des Peuples et des Rois*. Cet ouvrage, plein de bonnes idées et d'inexpérience, se ressent de l'époque, encore agitée des commotions de 1830, et du caractère de l'auteur qui avait été jusque-là un causeur, un chercheur et un mentor enthousiaste, beaucoup plus qu'un homme entré dans la pratique de la vie. Il déclame un peu, lui qui était la simplicité même. Au fond, sa pensée n'est autre que celle de ce Père de l'Eglise qui, dès les premiers siècles, disait au monde incertain et troublé : « Le Christ est la réponse à tous les problèmes, et la solution de toutes les difficultés. » Il s'efforce de démontrer à tous les hommes que l'observation de la loi chrétienne peut seule ramener la paix dans le monde, les mettre en paix avec les autres et avec eux-mêmes. Son ouvrage obtint quelque succès; il en jouit modestement, sans révéler, même à ses amis, que le pseudonyme de Charles Sainte-Foi cachait son propre nom.

Il donna successivement, dans le même ordre d'idées et dans un style plus simple et plus mûr, les *Conseils au peuple*, les *Heures sérieuses d'un jeune homme*, les *Heures sérieuses du jeune âge*, les *Heures sérieuses d'une jeune personne*, les *Heures sérieuses d'une jeune femme*, les *Heures pieuses d'un jeune homme*, le *Livre des âmes*.

Le titre de tous ces ouvrages en révèle la pensée et le caractère. On y trouve les réflexions et les directions d'un esprit ardent et pieux, et en même temps chaque jour plus modeste et plus sage, mais de plus en plus convaincu que la religion est la règle unique et parfaite des âmes, la lumière de toute raison et la source de tous biens. Les *Heures sérieuses d'un jeune homme* ont atteint leur but; cet excellent livre est présentement à sa sixième édition.

Il donna encore la *Théologie à l'usage des gens du monde*, ouvrage recommandé par l'éminent cardinal Gousset comme très-utile à ceux qui désirent avoir une connaissance exacte de la religion, de ses dogmes, de son culte et de sa morale. C'est, en effet, un catéchisme très-clair, très-intéressant et très-sûr. L'auteur, prenant saint Thomas pour guide, s'est élevé bien au delà de l'enseignement ordinaire dont les gens du monde se contentent. Son style, sans s'éloigner de la simplicité recommandée par le sujet, a de la force et même de la grandeur. Cet ouvrage n'a pas la renommée qu'il mérite, et à laquelle sans doute il parviendra.

Je me contente d'indiquer encore le *Chrétien dans le monde*, le *Mois de la Reine des Saints*, l'opuscule *De la Charité*, publié en 1848, et dont il dut refaire un chapitre qui semblait écrit après coup, tant il avait prédit les événements qui allaient arriver au moment où il écrivait; et enfin les *Vies des premières Ursulines de France* et des Jésuites *Anchieta*, *Almeida* et *Ricci*.

La déclaration suivante, qui a été trouvée dans les papiers de Jourdain, montre bien quel esprit inspirait ses travaux :

« Je soumets au jugement de l'Église et du Saint-Siége, tous mes écrits, aussi bien ceux qui seront publiés au moment de ma mort que ceux qui seraient encore manuscrits. Je désavoue et condamne d'avance dans ces écrits tout ce qui y serait désapprouvé où condamné par le Pape, vicaire de Jésus-Christ, comme opposé en quelque chose, soit à la foi, soit à la morale, soit à la discipline de l'Eglise, soit à la piété telle que l'Eglise la comprend et l'enseigne ; ne voulant avoir d'autre foi que la foi de l'Eglise, d'autres pensées ni d'autres opinions que celles qu'elle approuve ou tolère, et reconnaissant comme règle suprême et infaillible de mon esprit le jugement que l'Eglise prononcera par la bouche du vicaire de Jésus-Christ à l'autorité de qui je me soumets sans réserve. Je veux vivre et mourir dans la communion la plus intime avec le Saint-Siége et avec le Pape, comme avec le seul centre d'unité que Jésus-Christ ait établi pour son Eglise. Et s'il y avait dans quelqu'un de mes écrits une seule phrase d'où l'on pût conclure que ma soumission au Saint-Siége et au Pape n'est pas sans restriction et sans réserve, je la condamne et la réprouve de la manière la plus formelle.

« *Doué*, 13 *janvier* 1847.

« (*Signé*)   E. JOURDAIN SAINTE-FOI. »

Après une assez longue retraite dans un monastère et de mûres délibérations sur le choix d'un état de vie, Jourdain s'était marié en 1843. Son choix même, fait avec cette maturité, est le plus digne éloge de l'aimable personne qui en fut l'objet. L'un et l'autre trouvèrent ce qu'ils méritaient dans cette union pleine de paix, de sainte joie et d'honneur. Jourdain eut plus qu'il n'attendait: vers 1850, une grave maladie l'ayant rendu incapable de travailler de son propre fonds, comme il avait fait jusqu'alors, il trouva dans sa femme un collaborateur aussi intelligent qu'assidu et dévoué pour un autre ordre de travaux.

Il traduisit avec son concours de longs et importants ouvrages publiés en Allemagne. Un de ces ouvrages avait déjà découragé plusieurs traducteurs français : C'est la *Mystique*, de Gœrres. Mettant à profit sa profonde connaissance de l'allemand, son érudition si pleine et si variée, son riche butin d'études théologiques, ses anciennes relations avec l'auteur et enfin son bon sens français, il vint à bout de sa rude et téméraire entreprise, et nous donna une excellente version de ce livre puissant. On en publie maintenant une seconde édition. Il a traduit également la *Vie de Jésus-Christ*, par Sepp, qui a fait tomber en Allemagne le fatras impie de

Strauss ; les *Sermons* de Tauler, *Histoire de Ximénès,* par Hélel ; l'*Histoire de Jeanne-Marie de la Croix*, par Beda Weber ; et enfin, de l'Italien, qu'il possédait aussi parfaitement par l'allemand, la *Vie de saint Ignace* du P. Genelli, et les *Sermons* du bienheureux Léonard de Port-Maurice.

Satisfait de se rendre utile par cet humble travail de traducteur, il ne regrettait nullement la gloire personnelle qu'il aurait pu acquérir en donnant des livres originaux ; il regrettait encore moins l'état habituel de souffrance qui réduisait son esprit toujours aussi actif, à cette quasi-stérilité. Il était trop chrétien pour ne pas connaître le prix de la souffrance, trop vraiment humble pour se dire qu'il aurait pu faire mieux ou autre chose.

L'humilité est une vertu qui ne va jamais seule ; elle est à la fois la racine et le parfum des autres vertus. Jourdain offrait le modèle du chrétien dans le monde. Il était bienveillant, conciliant, affectueux, homme de bon conseil et de bon secours en toutes choses, en toute occasion, à toutes gens. Devenu riche pour la modestie de ses goûts, il avait à peine changé quelque chose à l'austérité de son costume et de sa vie. Il n'était large que dans l'hospitalité, prodigue que dans l'aumône, qu'il faisait de la manière la plus chrétienne, et par conséquent la plus noble et la plus intelligente. Il payait la dot de toutes les jeunes filles de sa paroisse qui voulaient entrer en religion ; et un jour cet homme, qui allait si modestement vêtu et qui se refusait toutes les fantaisies que lui conseillait son goût délicat et que lui permettait son aisance, donna en un seul coup vingt-cinq mille francs pour l'établissement d'un monastère. Sa bourse, comme son temps, comme son cœur, appartenait à ses amis.

C'est dans cette pratique de toutes les vertus chrétiennes et dans une piété toujours grandissante et plus tendre, qu'il fut atteint subitement, mais non pas surpris par la mort. Il savait qu'il était menacé d'une fin soudaine. Un médecin chrétien qu'il avait consulté le lui avait dit, et il se tenait prêt. Il avait souhaité de mourir ainsi. Il craignait les longues souffrances de la maladie pour les autres et pour lui-même. Son cœur s'affligeait des angoisses de ceux qui devraient le soigner ; sa piété craignait de manquer de patience et d'offenser Dieu. Il le disait à son plus intime ami. — J'aime mieux, ajoutait-il, faire mon purgatoire de l'autre côté. Dans le purgatoire on expie, mais on ne péche plus et l'on espère. — Il répétait cette pensée de Bossuet : que la mort est douce, puisqu'elle enlève l'effroyable puissance de pécher. Ses vœux furent exaucés. Le 20 novembre 1861, rentrant le soir avec Madame Jourdain, il sentit tout à coup une vive souffrance et connut que c'était sa fin. Il put à peine regagner sa maison. Il entra dans la loge du portier, se mit à genoux, fit une courte prière, se releva, s'assit, dit adieu à sa femme et expira, en pleine connaissance et sans douleur, comme il l'avait désiré.

Il n'avait que cinquante-cinq ans. Il pouvait faire longtemps encore le bonheur de ceux qui l'entouraient, donner de bons livres, consoler et éclairer beaucoup d'âmes. Mais nous ignorons ce que Dieu accorde à la prière des justes, et il faut adorer ses desseins.

Louis VEUILLOT.

Bar-le-Duc. — Typographie Louis GUÉRIN, rue de la Rochelle, 51.

www.ingramcontent.com/pod-product-compliance
Lightning Source LLC
LaVergne TN
LVHW021807030726
842523LV00003B/1266